Donald Trump vs Hillary Clinton.

Their astropsychology and relations with Erdogan, Putin and Merkel.

(In Russian and in English)

Content

Дональд Трамп vs Хиллари Клинтон

Астропсихология и их отношения с Путиным, Меркель и Эрдоганом

«Нет ничего удивительнее звездного неба над нами
и нравственного закона внутри нас»
Иммануил Кант

Этот эпиграф может показаться на первый взгляд странным и не соответствующим обсуждаемой теме. Однако, если вы прочитаете эту брошюру до конца, то вы сможете убедиться, что астропсихология и звёзды (под которыми родились Д. Трамп и Х. Клинтон) не только подтверждают их известные черты характера, но и открывают глубины и тайны их психотипов и мотивы их поведения. Более того, выбранный здесь метод анализа позволяет предсказать будущие взлёты и падения этих людей.

Астрологи могут внести свой вклад в политологию выборов, даже если их взгляд может казаться несерьёзным или даже шутливым. Я начну свой анализ кандидатов в президенты с таких астрологических характеристик, которые не требуют от читателя глубокого знания астрологии и могут быть понятны и интересны широкому читателю.

Я заканчиваю редактировать эту брошюру 19 июля 201ё, на фоне неудавшегося военного мятежа в Турции: вы найдёте здесь также анализ астропсихологии Эрдогана и предсказания о его ближайшем будущем. .

1. Знаки Зодиака и Восточный круг животных.

Знаки Зодиака широко известны как в Европе, так и в Америке. Коротко напомню здесь, что такое «Восточный круг животных» (или Китайский календарь). Это двенадцать животных, каждое из которых соответствует одному из годов в цикле 12 лет. Поскольку самым старым из обсуждаемых персон будет Дональд Трамп (он родился в 1946 году), то начнём с этого года (животное-символ года повторяется через каждые 12 лет):

Собака (1946, 1958, 1970...), Свинья (или Кабан – 1947, 1959, 1971...), Крыса (1948, 1960, 1972...), Буйвол (1949, 1961, 1973...), Тигр (1950, 1962, 1974...), Кот (или Заяц – 1951, 1963, 1975...), Дракон (1952, 1964, 1976...), Змея (1953, 1965, 1977...), Лошадь (1954, 1966, 1978...), Коза (1955, 1967, 1979...), Обезьяна (1956, 1968, 1980...), Петух (1957, 1969, 1981...).

Китайский новый год начинается в первое весеннее новолуние в знаке Водолея (это происходит в конце января или в феврале).

На самом деле Восточный календарь состоит из пяти циклов (по числу восточных стихий), но здесь мы не будем разбирать это подробнее – для нашего анализа достаточно цикла 12 лет.

Дональд Трамп родился 14 июня 1946 года, Куинс, штат Нью-Йорк. Это был год Собаки в Восточном круге животных (Китайский двенадцатилетний астрологический календарь) и он родился под знаком Близнецов. Мы не будем утомлять читателя длинными описаниями человека, родившегося в год Собаки и описанием знака Близнецов, но давайте посмотрим краткий астрологический слоган совмещения этих характеристик:

«*Уличная собака. Плохая голова, но доброе сердце*»

Тем не менее, это не означает, что любой "Собака-Близнецы" глупый, но хороший человек. Скорее всего, это означает, что такой человек часто действует не рационально, но под влиянием эмоций (и краткосрочных факторов), а также, что такой человек выглядить простодушным (как дворняжки). Кроме того, мы не должны забывать (о "доброе сердце"), что "дорога в ад вымощена благими намерениями.

Хиллари Клинтон родилась 26 октября 1947 года, Чикаго. Это был год Свиньи в Восточном круге животных и она родилась под знаком Скорпиона. Краткий астрологический слоган совмещения этих характеристик:

«*Суровая свинья... Она может проявить свинство*».

Заметим, что иногда Восточный круг животных включает Кабана (вместо Свиньи), и, вероятно, это животное больше подходит для краткой характеристики Хиллари Клинтон в данном контексте.

Я должен сказать здесь, что мне как русскому писателю в общем то всё равно, кто будет президентом США, но мне интересны личности Дональда Трампа и Хиллари Клинтон. Мне интересно также, каковы будут отношения будущего президента США с Владимиром Путиным, а также с Ангелой Меркель и Реджепо Эрдоган — поэтому ниже мы рассмотрим также этот вопрос.

Владимир Путин (президент РФ) родился 7 октября 1952 года в Ленинграде (Санкт-Петербург). Это был год Дракона в Восточном круге животных и он родился под знаком Весов. Краткий астрологический слоган совмещения этих характеристик:

«*Разочарованный дракон. Ему нельзя верить на слове*».

Хотя эта характеристика выглядит на первый взгляд весьма странно, но, действительно, Путин давно уже разочаровался в Западе и, с другой стороны, западные лидеры давно (или недавно) поняли, что слову Путина нельзя верить.

Конечно, все эти краткие характеристики содержат больше юмора чем важной для политиков информации, но далее мы увидим, как астрология (даже её юмористические аспекты) позволяет шаг за шагом понять некоторые важные вещи, которые становятся видны только под лупой астролога.

Ангела Меркель (канцлер ФРГ) родилась 17 июля 1954 года в Гамбурге. Это был год Лошади и она родилась под знаком Рака. Краткий астрологический слоган совмещения этих характеристик:

«Повышенная эмоциональность и эгоцентричность, но эта лошадь знает, как произвести хорошее впечатление. Она ценит комфортную стабильность Её трудно вовлечь в дела, которые ей не нравятся и она может бросить их на пол дороге.»

Действительно, размеренная и комфортная жизнь Германии закончилась в 2014 году, после наплыва сотен тысяч беженцев с Ближнего Востока. Главное для госпожи Меркель в этой ситуации – сохранять спокойствие, ибо, как говорят астрологи, кто хоть раз видел лошадь в гневе, тот уже никогда не будет доверять ей. Кстати, это в полной мере касается Реджепа Эрдогана, который в гневе наломал много дров...

Реджеп Эрдоган (президент Турции) родился 26 февраля 1954 года в Стамбуле. Это был год Лошади в Восточном круге животных и он родился под знаком Рыб. Краткий астрологический слоган совмещения этих характеристик: *«Задумчивая лошадь, с повышенным чутьём на опасность»*. Это мало что говорит нам о характере Эрдогана, но заметим всё же, что «задумчивая лошадь» может быть опасной для наездника, кто бы ни захотел оседлать её.

1.1 Взаимоотношения между лидерами

Отношения между Путиным и Эрдоганом (между Драконом и Лошадью) характеризуются в Восточном круге животных кратко, но ёмко: *«они могут дружить какое-то время ради дела, но никогда надолго»*. Это же касается и отношений Путина с Меркель.

Что касается отношений двух «лошадей» (Меркель и Эрдогана), то в текстах Восточного круга животных мы читаем следующее: *«Каждый потянет одеяло на себя»* — что мы и видим в этом году.

Теперь об отшениях Меркель и Эрдогана (оба «лошади») с Клинтоном (Кабан) или Трампом (Собака).

Меркель (и Эрдоган)-Клинтон: *«они не достигают полного согласия, но свинья будет сдержана»*. Меркель (и Эрдоган)-Трамп: *«Почему бы и нет? Они любят разговаривать о политике»*. Это особенно касается отношений Трампа с Меркель — гороскопы обоих имеют соединение Солнца с Ураном, и это роднит их.

Так или иначе, но Восточный круг животных не даёт оснований для тревоги по поводу отношений Меркель и Эрдогана с будущим президентом США, кто бы им не стал – Хиллари Клинтон или Дональд Трамп. Другое дело – отношения с Путиным.

Российские политики считают, что Дональд Трамп в качестве президента США гораздо предпочтительнее для Путина, чем Хиллари Клинтон. Астрология отчасти подтверждает это предположение. Отношения между Весами (Путин) и Близнецами (Трамп) обычно выстраиваются гораздо лучше, чем между Весами (Путин) и Скорпионами (Клинтон). Что касается деловых и дружеских отношений между Драконом (Путин) и

Собакой (Трамп), то тут перспективы менее радужные: *«Собака больше ценит реальность, чем химеры, и это обескураживает Дракона».* Здесь надо пояснить, что Дракон – единственное мифическое животное (химера) среди двенадцати животных Восточного (Китайского) астрологического календаря.

Отношения между Свиньёй (Клинтон) и Драконом (Путин) также содержат подводные камни: *«Успех может быть обеспечен при том условии, что Свинья будет скромна и согласится на вторые роли»* – ну, поскольку Хиллари Клинтон (как и любой другой президент США) никак не может быть «на вторых ролях» в отношениях с Путиным, то конфликт неизбежен.

Ещё одна важная характеристика взаимоотношений между людьми связана с так называемым «векторное кольцо», которое открыл тзвестный русский астролог Григорий Кваша (). Векторное кольцо показывает последовательность символов (животных) в которой предшествующее «животное» подсознательно чувствует себя хозяином последующего «животного». Это «Векторное кольцо» сильно проявляется как в браке между мужчиной и женщиной, так и в личных отношениях между людьми, и между политиками. Вот оно, это Векторное кольцо:

Лошадь => Кабан => Дракон => Кот => Петух => Собака => Буйвол => Тигр => Коза => Змея => Обезьяна => Крыса => Лошадь...

Слева от каждого знака — хозяин (начальник), справа — слуга (подчинённый).

Мы видим, что Ангела Меркель и Реджеп Эрдоган (оба – Лошади) будут подсознательно считать себя «хозяином» по отношению к Хиллари Клинтон (Кабан), а Клинтон, в свою очередь, будет считать себя «начальником» по отношению к Путину (как Кабан по отношению к Дракону). Конечно, всё это будет осложнять их личные отношения. Дональд Трамп в этом Векторном кольце не попадает ни в «начальники», ни в «подчинённые» по отношению к Меркель, Эрдоган и Путин, – но Трамп, вероятно, будет считать себя хозяином по отношению к лидеру любой страны. Недаром его зовут мистер «вы уволены» :)

Далее (при сравнении личных гороскопов) мы увидим, что Хиллари Клинтон станет настоящим адом для Путина...

Но сначала давайте посмотрим ещё некоторые общие астрологические характеристики Трмпа, Клинтон, а также Путина, Эрдогана и Меркель.

2. Солнечные и лунные дни рождения.

Дональд Трамп родился в 26-й день солнечного зороастрийского календаря и в 15-й лунный день. Его солнечный день рождения называется «Процветание» (Арштат в зороастрийском календаре). Считается, что достойный путь для родившихся в этот день – успешный бизнес, преумножение имущества и финансов, а также благотворительность. Как видно, Трамп преуспел на этом пути. Священное животное (тотем) этого дня – Белый медведь, а антитотем – клоп. Заметим здесь, что Путин любит медведей и считает себя их пастухом (созвездие Волопас – «пастух медведей» – ярко выражено в его гороскопе рождения). Планеты этого дня – Уран и Венера. Уран в гороскопе рождения Трампа находится в Зените, в соединении с Солнцем и Васходящим лунным узлом. Это очень сильное соединение, которое многое объясняет в судьбе и в характере Трампа. Венера также сильно выражена в его гороскопе рождения.

Символ 15-го лунного дня – змея. Это день астральных битв и искушений плоти.

9

Хиллари Клинтон родилась в 10-й день солнечного зороастрийского календаря и в 13-й лунный день. Её солнечный день рождения называется «Божественные воды» (Апам-Напат в зороастрийском календаре). Этот день связан с сокровенными знаниями, внутренней свободой и интуицией женского типа. Мы не знаем, обладает ли Хиллари сокровенными знаниями, но, вероятно, интуиция у неё есть. Священное животное (тотем) этого дня – Дельфин, а антитотем – злобная мурена. «Божественные воды» скрывают много тайн. Этот день связан с планетой Нептун, которая также связана с интуицией. Нептун в гороскопе Клинтон находится в середине знака Весов – там, где находится Солнце в гороскопе Путина: таким образом, мы можем предполагать, что Хиллари Клинтон может интуитивно чувствовать опасности, исходящие от Путина.

Не менее таинственен её лунный день рождения. Считается, что 13-й лунные день связан с магическими практиками, а также с накоплением информации и контактов. Луна гороскопа рождения Клинтон находится в знаке Рыб – такие люди обладают очень сильной интуицией. Это тем более верно, что Луна находится в очень сильном 23-м градусе знака Рыб и связана гармоничными аспектами с Лунными узлами её гороскопа рождения.

Владимир Путин родился в 21-й день солнечного зороастрийского календаря и в 18-й лунный день. Его солнечный день рождения называется Сила (Рамман в зороастрийском календаре). Это та сила, которая связана с «тучными пастбищами» и борьбой за свои права (так сказано в зороастрийском календаре). Священное животное (тотем) этого дня – Орёл с головой волка (как видно, это мифологическое животное, как и дракон); антитотем – грубая и наглая росомаха, в переводе с латинского – обжора. Рамман в зороастрийской традиции связан с Плутоном. Эта планета в гороскопе рождения Путина находится в знаке Льва в соединении с Заходящим лунным узлом и Чёрной Луной (Лилит): астрологи трактуют такое соединение как опора на консервативные традиции и реакционное коллективное бессознательное. 18-й лунный день (символ — Зеркало) как бы отражает внешнюю действительность через внутреннюю сущность. Этот лунный день связан с опасностью самолюбования, обольщений и потакания своим низменным инстинктам. Я думаю, каждый читатель вправе сам судить о том, насколько все эти астрологические описания соответствуют реальной личности.

Ангела Меркель родилась в 29-й солнечный день зороастрического календаря и в 17-й лунный день. Её солнечный день рождения называется Слово (Святое Слово, Мараспэнт в зороастрийской традиции). В идеале это Слово, обретающее плоть, познание Добра и зла и защита от мирового зла. Активность и успех во всех начинаниях. Священное животное (тотем) этого дня – Белый кот (или сказочный Кот в сапогах, который легко расправляется со своими обидчиками). Эти люди ценят дружбу, но не прощают предательства. Антитотем – жадная и наглая водяная крыса. Мараспент (Мантра-спент) в зороастрийской традиции связан с планетоидом Хирон (самый крупный осколок Фаэтона). Хирон в гороскопе Меркель находится в очень хорошем (26-м) градусе Козрога и в оппозиции к Солнцу рождения Меркель (в знаке Рака). Оппозиция Солнца и Хирона трактуется астрологами как опора человека на некую главную идею – в данном случае, учитывая все другие характеристики её гороскопа, эта идея – европейское единство и новая роль Германии в Европе как «мягкая сила», объединяющая Европейский союз. Её лунный день рождения (17-й) – один из лучших в лунном календаре, и этот день даёт обретение внутренней свободы и удачу во всех праведных начинаниях.

Реджеп Эрдоган родился в 13-й солнечный день зороастрийского календаря и в 23-й лунный день. Его солнечный день рождения называется Звезда (страж неба Тиштрия в зороастрийской традиции). В идеале это серьёзный и бесстрашный боец, но часто они бывают резкими и порывистыми. Священное животное (тотем) этого дня – Крылатый конь, а антитотем – чёрная змея. Мифический страж неба Тиштрия зороастрийской традиции связан с планетоидом Хирон (самый крупный осколок Фаэтона). Также как и у Ангелы Меркель, Хирон в гороскопе Эрдогана находится в том же самом (26-м) градусе Козрога, но в гороскопе Эрдогана Хирон находится в соединении с Восходящим лунным узлом и в оппозиции к Урану. Это даёт ему возможность успешно лавировать на разных направлениях, но неожиданные события могут всё же срывать его планы. Его лунный день рождения (23-й, символ Крокодил) – один из опасных дней лунного календаря, когда нельзя поддаваться гневу и обольщениям. Это тем более опасно для Эрдогана, что, как мы отмечали ранее, кто видел лошадь в гневе, тот уже никогда не будет доверять ей. Считается, что негативы этого лунного дня смягчает покаяние в грехах. Однако, как мы видели в июне 2016 года (и ранее), когда германский Бундестаг принял резолюцию о геноциде армян (в 1916 году), Эрдоган очень резко выступил против этой резолюции. Ранее он категорически отказался просить прощения у Путина (у России) за сбитый турками осенью 2015 года российский бомбардировщик. Эрдоган и Путин начали шаги к примирению в июле 2016.
В ночь с 15 на 16 июля в Турции там начался и тут же был подавлен военный мятеж, но я прогнозирую, что ближе к середине августа беспорядки развернутся с новой силой, и мы можем ожидать новое

покушение на Эрдогана. Эти события будут иметь важные долговременные последствия, и не только для Турции.

2.1 Личные взаимоотношения кандидатов в президенты США с Путиным, Меркель и Эрдоганом

Выше мы уже обсуждали эти взаимоотношения на основе Восточного календаря (Китайский круг животных). Этот календарь показывает социальный и политический аспекты. Зороастрийский календарь солнечных дней показывает личные (персональные) характеристики. Сравнение солнечных дней рождения может подсказать характер взаимоотношений между людьми как между личностями.

Итак, Дональд Трамп родился в 26-й солнечный день, Хиллари Клинтон – в 10-й, и Владииир Путин – в 21-й.

Каковы будут отношения между Путиным и Трампом, или Путиным и Клинтон (если он или она станет президентом США)? Известный российский астролог Павел Глоба даёт для разницы солнечных дней равной 5 (Трамп-Путин) следующий текст:

*<<5 дней. **"Строительство храма"**, или **"Железная стена"**. Хорошее взаимодействие. Это даёт незыблемость, прочность связей, взаимоуважение, четкую регламентацию взаимоотношений. Если такие люди сходятся, то образуют "клан». Прочные отношения устанавливаются раз и навсегда. Но такое сочетание солнечных дней не терпит инфантильности, незрелости. Оно возникает только в зрелом возрасте между серьезными людьми. >>*

Как видно из этого теста, российские политологи (которые предсказывают хорошие отношения между

Трамп и Путин) могут оказаться правы. Однако, многие западные политологи (и оппозиция внутри России) считают, что Путин имеет психологический комплекс «обиженного подростка» (который считает, что западные лидеры обижают его). Если Путин будет проявлять эту инфантильность, то «строительство храма» (или клана) быстро превратится в «железный занавес» врмён холодной войны.

Однако, более вероятно, что президентом США станет всё же Хиллари Клинтон. Павел Глоба даёт для разницы солнечных дней равной 11 (Клинтон-Путин) следующий текст:

<<11 дней. "Зыбучие пески". Одна из самых коварных, противоречивых и тяжелых взаимосвязей. Затягивание, обморачивание, заволакивание. Нечто тяжелое и мрачное. Таким людям тяжело друг с другом. Они не могут проявить свои лучшие качества. Люди пытаются строить отношения, но все проваливается, как в зыбучие пески. При самых лучших намерениях все может закончиться очень печально. Между людьми нет взаимопонимания. Эта взаимосвязь дает еще напрасную трату времени в поисках компромиссов.>>

Как видно из этого текста, отношения Хиллари Клинтон и Владимира Путина не имеют хороших перспектив.

Теперь рассмотрим взаимотношения Путина с Меркель и Эрдоганом на той же основе сравнения их солнечных дней рождения. Напомним, что Путин родился в 21-й солнечный день, Маркель – в 29-й и Эрдоган – в 13-й. Разница у обоих составляет плюс и минус 8 дней. Павел Глоба даёт для такой разницы солнечных дней следующий текст:

<<8 дней. *"Горная вершина", или "Роза ветров" Великолепное сочетание, способствующее духовному росту. Оно чрезвычайно благоприятно для отношений учителя и ученика. В жизни таких людей происходит*

вечный поиск, присутствует желание постоянного обновления. Этот союз предполагает водительство одного партнера другим, но при условии, что они разного возраста. Если же нет, тогда они могут просто не заметить друг друга. Это взаимодействие очень хорошо для иностранцев и живущих в разных городах, ибо предполагает свободу. Но для прочного союза равных людей оно не очень подходит, так как таким людям постоянно контактировать друг с другом просто противопоказано. Плохое сочетание для семейной жизни, зато хорошее — для случайных связей и курортных романов.>>

Как видно, если бы Путин считал Меркель своим учителем западных ценностей, они могли бы иметь великолепные отношения. Но после 2007 года Путин противопоставил себя Западу и обрушил перспективы хороших отношений. Что касается отношений с Эрдоганом, то до осени 2015 года у них действительно был «курортный роман». С тех пор они – непримиримые враги.

Что касается отношений Эрдогана (13-й солнечный день) с Клинтон (10-й) или с Трампом (26-й), то в тексатах Павла Глоба читаем, соответственно:

Клинтон-Эрдоган: <<"Скрещенные мечи", или "Поножовщина" (±3 дня) Эта форма взаимосвязи действует только для тех, кто встал на путь духовной эволюции. Связь крайне напряженная, полная агрессии, притягивающая экстремальные ситуации. Всегда присутствует соперничество, борьба за лидерство, кто-то пытается отстаивать свои права. Сотрудничество между такими людьми возможно, но лишь после драки. Такая форма взаимоотношений хороша для людей, которые вместе сражаются за общее дело на поле битвы.>>

Трамп-Эрдоган: <<"Блуждание в лабиринте" (±13 дней) Очень тяжелое сочетание. Дает вечный поиск, ошибки, заблуждения, взаимные обвинения и непонимание. Люди не могут обрести самих себя, и от этого они многое теряют. Они ищут и находят в партнерах то, что тем вовсе не свойственно. Это сочетание воздействует хорошо только на семейные отношения, причем лишь тогда, когда люди ничего особенного не хотят друг от друга. Если в начале были трения и конфликты, то со временем острые углы сглаживаются. Такие люди будут жить душа в душу, но как только кто-то начинает эти отношения менять или рвать, тут же начинается развал и притягиваются дурные события. В таком случае, как правило, все валится на голову инициатора. В других отношениях, не семейных возникает хаос.>>

***

Что касается отношений Меркель (29-й солнечный день) с Клинтон (10-й) или с Трампом (26-й), то в тексатах Павла Глоба читаем, соответственно:

Клинтон-Меркель: <<*"Зыбучие пески" (±11 дней)* Одна из самых коварных, противоречивых и тяжелых взаимосвязей. Затягивание, обморачивание, заволакивание. Нечто тяжелое и мрачное. Таким людям тяжело друг с другом. Они не могут проявить свои лучшие качества. Люди пытаются строить отношения, но все проваливается, как в зыбучие пески. При самых лучших намерениях все может закончиться очень печально. Между людьми нет взаимопонимания. Эта взаимосвязь дает еще напрасную трату времени в поисках компромиссов>>.

Как видно, Меркель будет иметь с Клинтон почти такие же проблемы как и Путин. Но западные лидеры (Клинтон и Меркель) всё же найдут общий язык, а вот отношения Клинтон с Путиным пойдут по худшему сценарию.

Трамп-Меркель: <<*"Скрещенные мечи", или "Поножовщина" (±3 дня)* Эта форма взаимосвязи *действует только для тех, кто встал на путь духовной эволюции. Связь крайне напряженная, полная агрессии, притягивающая экстремальные ситуации. Всегда присутствует соперничество, борьба за лидерство, кто-то пытается отстаивать свои права. Сотрудничество между такими людьми возможно, но лишь после драки. Такая форма взаимоотношений хороша для людей, которые вместе сражаются за общее дело на поле битвы.>>*:

Итак, мы видим, что Трамп может иметь хорошие личные отношения с Путиным, но плохие с Эрдоганом и Меркель. Клинтон может иметь плохие отношения как с Путиным, так и с Эрдоганом и Меркель. Однако, можно предположить, что плохие отношения Клинтон с Путиным могут способствовать улучшению её отношений с Эрдоганом и Меркель – в то время как хорошие отношения Трампа с Путиным будут усугублять его (Трампа) плохин отношения с Меркель и Эрдоганом.

Вероятно, Владимир Путин – ключевая фигура в отношениях будущего президента США с Меркель и Эрдоганом. С астрологической точки зрения, Путин – самая сильная личность в этом раскладе. Независимо от его нравственных качеств и от моральных оценок его внутренней и внешней политики, он наиболее харизматический лидер. Харизма – «дар свыше» не обязательно означает высокую нравственность, но даёт силу и притягательность для значительной части людей. Астрологи считают, что харизма в значительной степени связана с так называемыми «включёнными звёздами» – это те яркие звёзды, которые находятся в гороскопе рождения в соединении со светилами и планетами – то есть в час рождения человека эти звёзды находились над светилами и планетами. Гороскопы рождения Клинтон, Трампа, Меркель и Эрдогана имеют по три-четыре «включённые звезды», в то время как гороскоп рождения Путина отмечен более чем дюжиной звезд, причем четыре из них относятся к созвездию – «Волопаса» (главная звезда, Арктур – «**пастух медведей**»). Уместно ещё раз подчеркнуть здесь, что харизма (и «включённые звёзды») даёт силу и притягательность, но не означают высокий уровень духовного развития и высокую нравственность. .

3. Путеводные звёздные Дональда Трампа и Хиллари Клинтон

3.1 Путеводные звёзды.

«Родиться под счастливой звездой», «родиться под несчастливой звездой», – эти выражения возникли в очень давние времена, и это связано с астрологией. Древние астрологи считали, что если при рождении ребенка над светилами или какими-то планетами там стояла та или иная звезда, или если какая-то звезда восходила в минуты рождения над горизонтом, или была в зените, то эти звезды могут сильно повлиять на жизнь и судьбу человека иногда, при определенных условиях, даже сильнее, чем сам гороскоп рождения (расположение светил и планет). Каждая звезда имеет свои характеристики воздействия.

Согласно астрологии, звезды бывают «счастливыми», «несчастливыми», со своими особыми характеристиками. Еще Птолемей в своем каталоге описал воздействие 1024 звезд. 108 из них считаются особо сильными и священными; еще 250 звезд действуют достаточно сильно и многопланово, – в основном это звезды 1-й и 2-й величины яркости. Обычно две-три звезды "включены" в гороскопе каждого человека, то есть находились при его рождении над теми или иными планетами, – однако далеко не всегда они сильно влияют на его жизнь. Степень «включенности» звезды (её влияния) в судьбу человека там астрологи определяют по особым правилам, учитывая ряд астрономических и астрологических факторов.

Названия всем «астрологически активным» звездам были даны еще в древние времена и чаще всего эти названия связаны с древними мифами. Как это ни удивительно, но современные астрологи утверждают, что если у человека "включена" та или иная сильная звезда, то этот человек в своей жизни как бы невольно играет ту или иную роль древнего мифа (того мифа, который связан с этой звездой)! Исключительно редко, но встречаются люди, при рождении которых там было "включено" целое созвездие. Это люди особой судьбы, которые, помимо своей воли, выполняют предначертанную свыше миссию.

Каждый древний миф (древнегреческий или иной) связан с той или иной нравственной проблемой, с «нравственный закон внутри нас» по выражению Эмманул Кант – и здесь мы возвращаемся к эпиграфу в начале нашего исследования:

Как видно теперь, этот эпиграф выбран нами не случайно и имеет прямое отношение к нащему исследованию.

Однако, результаты деятельности «звёздных натив» зависят от их уровня духовного развития. Высокоразвитый человек способен находить в рамках звёздного предначертания свой собственный путь. В этом случае главная "включённая" звезда (или созвездие) будет его защитой, будет его путеводной звездой. Если человек не соответствует своему звёздному предназначению (духовно неразвит, или сбился с пути), то сильная звезда сломает его, заставит выполнить свои предначертания жестким путем, может быть даже ценой жизни, или здоровья. Нередко неразвитые люди с сильными злыми включенными звездами попадают в психиатрические

19

больницы с маниакально-депрессивными психозами. Поскольку звёзды и созвездия (и соответствующие им древние мифы) бывают как «добрыми», так и «злыми», постольку человек с этими «включёнными» звёздами может сеять в мире созидание или разрушение, или и то, и другое...

Не удивительно, что практически все люди со «звездной судьбой» (будь то известные политики или ученые, или бизнесмены, или люди искусства), — все они родились под теми или иными сильными и сильно включенными (в их небесную карту рождения) звездами. Как правило, гороскоп каждого известного человека имеет не только «добрые», но и «злые» звезды. К тому же и «характер» каждой звезды неоднозначен — и только свободная воля человека в конечном счёте определяет его выбор в сторону добра или зла..

Астрологические характеристики звёзд излагаются ниже по книгам «Астрологическое влияние неподвижных звёзд» Джозеф Ригор (русское издание 1994 года) и «Мистерии звёздной астрологии» Павел Глоба (русское издание 1994 года) и другим источникам (см. ссылки в тексте).

Теперь рассмотрим гороскопы рождения и звёзды Хиллари Клинтон и Дональда Трампа более подробно.

3.2 Гороскоп рождения и шансы на победу Хиллари Клинтон.

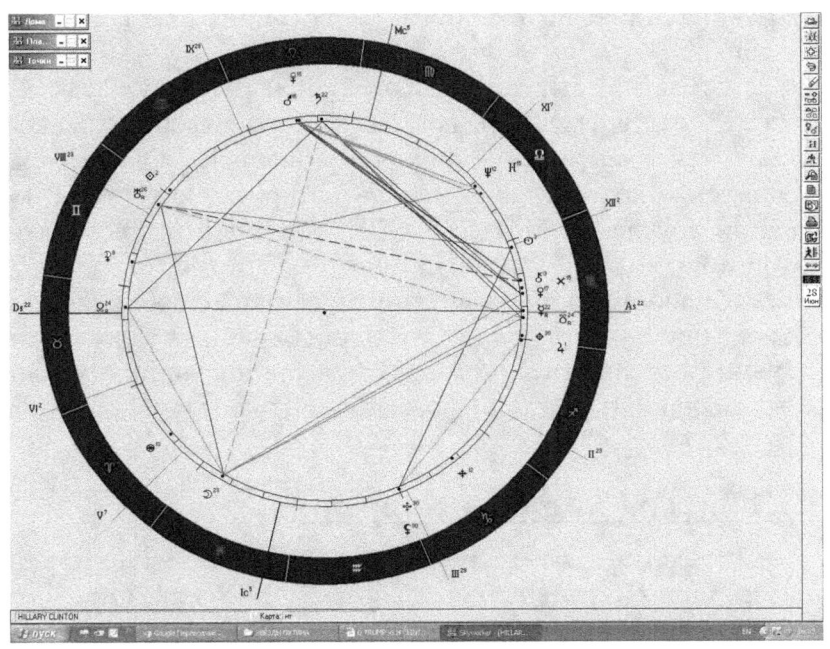

Сильный знак Скорпиона и ядро планет в этом знаке Зодиака (Хирон, Венера, Меркурий) показывают, что она может и будет бороться за победу даже в самых неблагоприятных условиях. При этом, Хирон (планета, связанная также и с выборами) находится в так называемом «королевском» (13-м) градусе Скорпиона, который называется «Феникс»: способность возродиться даже после падения.

Другое сильное ядро планет (Марс, Плунон и Сатурн) находятся в знаке Льва – это тот рог силы (или бивни кабана), которые способны уничтожить любого соперника. Интересно, что этот рог силы находится в знаке Льва там, где находится «тёмное начала» Путина (соединение Плутона с Заходящим лунным узлом и Лилит

21

– опора на консервативные или (как считают наиболее резкие оппоненты Путина) реакционные архетипы). Это значит, что, если Хиллари Клинтон станет президентом США, она станет непримиримым противником Владимира Путина.

Сильный фактор её гороскопа рождения связан также с Юпитером в Стрельце (в своём собственном знаке) и на Асценденте её горокопа. Сильный Юпитер на Асценденте хорош для политика авторитарного типа, но вряд ли другие ветви власти США позволят ей проявлять авторитарность.

Слабость гороскопа Клинтон связана с соединением ретроградного Меркурия с Заходящим лунным узлом. Это провоцирует тактические ошибки в организации тех или иных мероприятий или информационных потоков.

3.2.1 Звёзды Хиллари Клинтон.

* Солнце в час рождения Клинтон находилось под звездой Принцепс (дельта созвездия Волопаса).

Джзеф Ригор (Ригор Дж. Астрологическое влияние неподвижных звёзд): "*Соединение Принцепса с Солнцем говорит о высоком положении в сфере государственного управления, юрисдикции, или в в спорте, религии, науке. Человек с этой звездой очень находчив, способен успешно исследовать новые непроверенные идеи. Такие люди предпочитают нейтральную позицию в спорах и не принимают на себя важных обязательств до тех пор, пока не выяснят наверняка, во что им это обойдётся. Тем не менее они способны на откровенность, если это в их интересах*".

Павел Глоба (Глоба П. Неподвижные звёзды): «*Принцепс -- звезда воинов и авантюристов. Принцепс даёт возвышение в экстремальных обстоятельствах. Это звезда удачливых военных. В соединении с Солнцем и Луной, а также с Марсом, Принцепс даёт возможность* загребать жар чужими руками. Эта звезда приносит долгое царствование, но возвышение возможно только авантюристическим путем." Что касается успехов в науке или спорте, Глоба считает, что такие возможности открываются при соединении Принцепса с Меркурием или другими планетами.

Денис Куталёв (Куталёвд. Общая теория интерпретации звёзд): «Принцепс как дельта Волопаса соотносится со стихией Воды на первом уровне проявления, а по спектральному классу эта звезда связывается с Венерой и Солнцем. Принцепс означает хорошие творческие способности и эмоциональную восприимчивость. Однако творчество человека с этой звездой может быть не понято обществом, художник будет освистан и предан публичному суду за то, что он "не такой как все".

* Луна в час рождения Клинтон находилась под звездой Маркаб (альфа Пегаса, «седло коня»).

Девор (deVore N. Encyclopedia of Astrology) отмечает противоречивость влияния этой звезды: с одной стороны, она даёт почести, высокое положение, удачу, богатство; с другой -- опасность от огня, острых предметов, от взрыва, ушиба, укола.

Ригор указывает, что влияние этой звезды изменяется в зависимости от того, с какими планетами она находится в соединении. В целом Маркаб приносит нативу удачу, богатство, высокие почести. В негативном варианте натив не сможет претворить в жизнь свои честолюбивые планы; он несчастлив, его ожидает бесчестье. Возможны разорение и проявления буйства.

Джзеф Ригор (Ригор Дж. Астрологическое влияние неподвижных звёзд): "Влияние этой звезды изменяется в зависимости от того, с какими планетами она находится в соединении. В целом Маркаб приносит человеку удачу, богатство, высокие почести. В негативном варианте, человек не сможет претворить в *жизнь свои честолюбивые планы; он несчастлив, его ожидает бесчестье. Возможны разорение и проявления буйства."*

Павел Глоба называет её звездой общественной иерархии, возвышения, устойчивости, натиска. Маркаб даёт умение добиваться своего, счастье в браке, удачу через компаньонов, покровителей, блат. Маркаб в соединении с Юпитером предвещает большой общественный взлёт, с Венерой – возвышение через лицо противоположного пола, с Луной – проституцию ради общественного положения, слабые моральные установ**ки.**

Денис Куталёв: «*Маркаб нередко влияет на человека деструктивно, особенно в медицинской астрологии. Очень большая энергия, но человек склонен действовать импульсивно, не обдумывая последствий. Однако в принципе человек способен постичь цепь причин и следствий на достаточно глубоком уровне, что приведёт к трансмутации негативной энергии в неиссякаемую творческую силу. Вдохновение приходит на помощь в трудную минуту.*»

* Меркурий в час рождения Клинтон находился под звездой Унук Эльхайя (альфа Змеи, «Сердце Змеи»). Многие астрологи считают, что эта звезда заметно проявляется только в негативных гороскопах рождения (Хиллари Клинтон имеет позитивный гороскоп), и негативно влияет на здоровье. Павел Глоба считает её одной из самых страшных магических звёзд. Она может полностью сломать все ритмы человека; она даёт постоянные хронические болезни, зависимость, подвластность року, фатализм, слабость, самоубийство, несчастные случаи, болезненную азартность, несчастье в игре, аморальность. Вынуждает повторять ошибки предков. Однако, напомню, многие астрологи считают, что эта звезда приносит разрушения только в негативных («злых») гороскопах – в то время как гороскоп Хиллари

Клинтон в целом скорее позитивный. Возможно, Унук Эльхайя даёт ей проблемы со здоровьем.

* Юпитер в час рождения Клинтон находился под звездой Корнефорос (другое название Рутилик, бета Геркулеса).

Денис Куталёв (Куталёв Д.. Общая теория интерпретации звёзд)): «*Рутилик соотносится со стихией Земли на первом, низшем уровне проявления, а как звезда класса G связан с Венерой (со слабым дополнительным влиянием Солнца). Согласно данной теории, Рутилик означает прекрасные способности к труду (в том числе к творческому труду), умение "чувствовать" материю, ощущать, когда вещи просятся, чтобы их сделали (как в сказке про Буратино). Однако признание, достаток и полная реализация собственных замыслов придут лишь после упорного, тяжёлого труда. Иначе способности так и не реализуются, прекрасные физические данные, силы и здоровье постепенно сойдут на нет, и финансовое положение станет неутешительным. Таким образом, деятельность человек с этой звездой будет весьма плодотворен, если в нём не победит стремление к лени, лёгкой жизни и роскоши*». Поскольку, как мы знаем, Хиллари Клинтон весьма трудолюбива, то влияние этой звезды для неё очень позитивно.

В целом, казалось бы, шансы на победу Хиллари Клинтон велики, но, как мы увидим далее, Дональд Трамп всё же может победить на выборах в этом году.

3.3 Гороскоп рождения и шансы на победу Дональда Трампа.

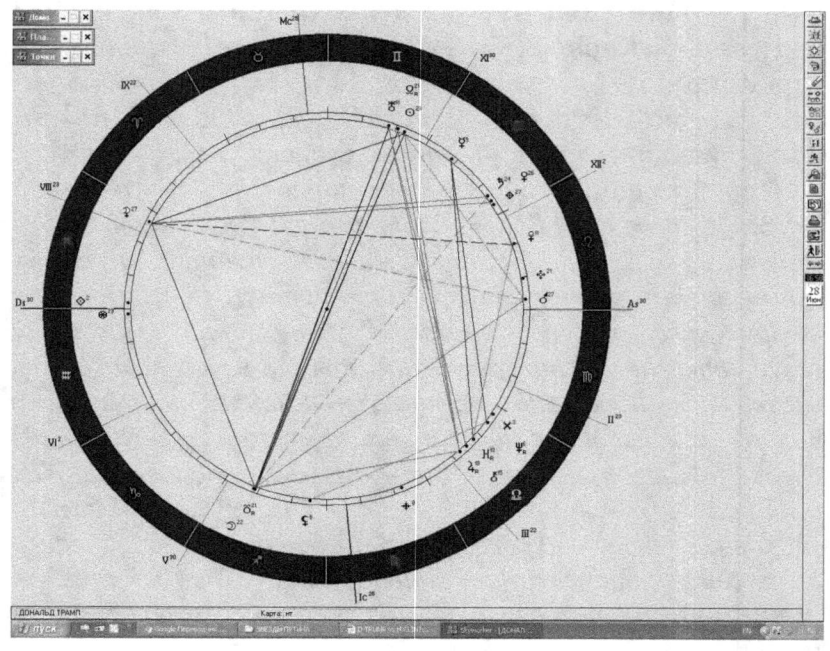

Соединение Солнца, Урана и Восходящего лунного узла в знаке Близнецов, в Зените его гороскопа рождения, в оппозиции к Луне в знаке Стрельца, и гармоничные аспекты этой оппозиции планет к мощному соединению Юпитера, Хирона и Нептуна в Весах (во втором доме его гороскопа, в доме финансов и недвижимости) – всё это говорит о блестящей карьере в крупном бизнесе, сильной интуиции, а также об умении манипулировать общественным мнением и чётко разделять для себя показные эмоции и рациональную суть проблем. Дональд Трамп способен гибко менять тактику и стратегию своего поведения и своих планов – и эта способность может очень пригодиться ему в проведении предвыборной компании, особенно на финише президентской гонки. Следует отметить также сильный восходящий Марс (Марс на Асценденте), в 27-м градусе знака Льва, в градусе агрессии. Марс связан хорошими аспектами с оппозицией Солнца и Луны, что помогает Трампу использовать свои эмоции в рациональных целях, добиваясь успеха у публики, в публичной политике. Кстати, как считают астрологи, люди с восходящим Марсом часто имеют рыжий цвет волос – как это есть у Дональда Трампа.

3.3.1 Звёзды Дональда Трампа.

* Солнце в час рождения Трампа находилось под звездой Альнилам (эпсилон Ориона).

Джозеф Ригор (Ригор Дж. Астрологические влияние неподвижных звёзд): «*Люди, имеющие в гороскопе рождения соединение этой звезды с Солнцем, они оказываются запутанными в какие-то спорные вопросы, но, будучи упрямы и действуя необдуманно, они будут стоять на своих спорных позициях до конца. Тем не менее, такие люди способны внезапно "сменить курс", если это удобно для них.*» Заметим здесь, что слова о внезапной «смене курса» тем более верны для Трампа, что его Солнце находится в соединении с Ураном.

Девор (deVore N. Encyclopedia of Astrology) отмечает, что Альнилам указывает на преходящую публичную славу, а в Зените гороскопа предвещает великие почести. Павел Глоба (Глоба П. Неподвижные звёзды) также отмечает, что эта звезда даёт духовное возвышение и сильную идеологию, удачу и почести, а также любовь к обрядам и ритуалам. Глоба отмечает также, что в Зените гороскопа (как у Трампа) Альнилам даёт большой взлёт картеры.

Денис Куталёв (Куталёв Д. Общая теория интерпретации звёзд): «*Альнилам как эпсилон Ориона соотносится со стихией Огня на втором уровне проявления, а как звезда класса B0 связан с Сатурном и Юпитером. Согласно этой теории, Альнилам означает доблесть и храбрость, которые человек проявляет, следуя своим целям и принципам. Однако это не должно переходить во вседозволенность. Важно, чтобы человек с этой звездой руководствовался высшими принципами, а не эгоистическими устремлениями. Это может быть хороший политический или идеологический лидер, который производит серьёзные изменения в общественном сознании, очищая карму общества. Тот факт, что это двойная звезда, может говорить о переменном характере судьбы: за взлётом следуют падения, и наоборот»*

Это интересно. Врядли Дональд Трамп всегда следует высоким моральным принципам, так что, верояно, его ждёт не только взлёт карьеры и популярности (как сейчас, весной и летом 2016), но и падение (в обозримом будущем).

⬜ **Венера в час рождения Трампа находилась под звездой Процион** (альфа Малого Пса). Большинство астрологов согласны в том, что Процион делает людей вспыльчивыми, ревнивыми, упрямыми, но также даёт силу воли и способность претворить замыслы и планы в жизнь. Люди под влиянием Проциона склонны раздражаться, горячиться и дерзить. Эта звезда может давать как успехи и взлёты, так и падения с достигнутых. Люди с сильным влиянием Проциона хотят "проломить головой стену", но только вредят себе. Процион даёт много энергии, наделяет острым умом. В соединении с благодетельными планетами (Венера или Юпитер) эта звезда умножает успех, но тем не менее существует опасность впоследствии потерпеть фиаско. Павел Глоба отмечает ещё опасность от укусов змей. Денис Куталёв (Куталёв Д. Общая теория интерпретации звёзд): *«Процион как альфа, главная звезда Малого Пса, соотносится со стихией Огня на первом, низшем уровне проявления, а как звезда класса F связывается с Меркурием. Согласно данной теории, Процион означает* *жажду знаний, неистощимое любопытство, прорыв в будущее. Эта звезда обещает рождённому учителя, гуру; а также требует постоянных внутренних изменений. Процион расположен очень близко к Солнечной системе, поэтому его требования будут вполне материальными, а его учительство весьма наглядным».*

☐ **Марс в час рождения Трампа находился под звездой Регор** (гамма Парусов). Эта звезда изучена астрологами меньше, чем другие звёзды. Денис Куталёв (Куталёв Д. Общая теория интерпретации звёзд): «*Регор считается уникальным по своему значению, поскольку это единственная яркая звезда небосвода, которая имеет такой спектральный класс. Регор как гамма Парусов соотносится со стихией Воздухв на первом уровне проявления. Согласно данной теории, Регор даёт удивительную интуицию, оригинальный склад ума, умение проникать в тайны других людей и предвидеть события, дар первооткрывателя. Такой человек обладает талантом убеждать других и может повести за собой массы*». Как видно из первых этапов предвыборной компании, эта звезда явно помогает Трампу.

* Капелла (альфа Возничего). Эта звезда в час рождения Трампа находилась на восходящем лунном узле его гороскопе. Большинство астрологов считают, что эта звезда дает высокое положение в обществе, богатство и почести, но и делает человека дерзкий и вспыльчивый, а также многословным (хороший оратор). Возможны осложнения с законом.

Павел Глоба считает, что эта звезда ассоциируется с хитростью, коварством и дьявольскими искушениями. Эта звезда дает паразитизм, желание и способность паразитировать на других. Капелла также дает магическую власть над людьми, это помогает сделать из них духовных рабов.

Денис Куталёв пишет, что Капелла дает однозначный соблазн, который заканчивается для этого человека падением. Такой человек в конечном счете приносит неприятности окружающим людям (которые верили и пошли за ним). Люди должны понять, кто или что стоит за этим искушением.

Если Дональд Трамп родился точно в 10 ч. 54 м. утра (именно это время используют все астрологи для его гороскопа), то в минуту его рождения ещё две сильные звезды включились в его гороскопе: Заурак в зените (на МС его гороскопа), и Регул на восходе (на Асценденте его гороскопа).

* **Заурак** (гамма Эридана). Большинство астрологов считают, что эта звезда даёт человеку стойкость в борьбе, упорство и умение добиваться цели, но может давать также одиночество и меланхолию. Павел Глоба (Глоба П. Неподвижные звёзды) даёт этой звезде очень резкие и яркие характеристики: «*Заурак -- "звездой скряг", дающая жадность, приземлённость, огромное самомнение, притеснение других, наглое вымогательство, пользование чужим имуществом. Девиз такого человека — "Что моё, то моё, что твоё — тоже моё". В соединении с Марсом или Юпитером, Заурак даёт умение шикарно жить за чужой счёт. Соединение с Луной — раб денег, материального имущества. Соединение с Меркурием даёт мании, одержимость какой-то бредовой идеей (в медицине эта звезда чётко связана с паранойей); однако такие люди редко попадают в психбольницы благодаря деньгам и умению держаться с врачами.*»

Денис Куталёв (Куталёв Д. Общая теория интерпретации звёзд): «*Заурак как гамма Эридана соотносится со стихией Воздуха на первом уровне проявления, а как звезда класса М0 связывается с Марсом и фоновым влиянием Солнца. Согласно данной теории, Заурак даёт большую активность в деловых контактах и торговле, напор в общении (на низком уровне — конфликты и ссоры), яркие отношения с* противоположным полом. Человек с этой звездой (если она ярко выражена в гороскопе) — идеалист, творящий миф из своей собственной жизни; его цель -- приобщение других людей к высшим целям, высшим мирам, в реальности которых он не сомневается.»

* **Регул** (альфа Льва) — одна из четырёх самых ярких и сильных звёзд, «Страж Севера». Большинство астрологов считают влияние Регула сильным и в основном благоприятным. Эта звезда всегда даёт стремление к власти и богатству. В соединении с Асцендентом (как у Трампа) эта звезда предвещает власть и почести благодаря собственным усилиям и заслугам (а также благородство, искренность, отвага и храбрость). Однако, эта звезда всё же не гарантирует от опасности последующего падения.

Джзеф Ригор (Ригор Дж. Астрологическое влияние неподвижных звёздд): «Регула далеко не всегда действует только благотворно. Получаемые благодаря Регулу блага чаще всего будут недолгими; Регул толкает к скандальным поступкам, проявлениям буйства. С ним часто связаны неудачи и утраченное величие. Людям Регула нужно быть осторожными, ибо иначе достигнутые ими признание и положение могут смениться полным крахом. Обычно люди, в гороскопе которых имеются соединения с Регулом, оставляют след в памяти потомства, но всегда существует опасность, что общественность разочаруется в них. »

Денис Куталёв (Куталёв Д. Общая теория интерпретации звёзд): «Регул как альфа Льва соотносится со стихией Огня на первом, низшем уровне проявления, а как представитель спектрального класса В связывается с Сатурном. Согласно данной теории, Регул даёт постоянное стремление самоутверждаться за счет других, доминировать над окружающими, блистать, невзирая на последствия. Регул связан с недвусмысленной демонстрацией силы, которую данная звезда предоставляет в избытке. Однако для людей с сильным

31

Регулом в гороскопе характерно также пренебрежение к изменяющейся ситуации, что может кончиться для них плачевно. »

Павел Глоба отмечает, что эта «королевская звезда» даёт власть, силу, почести, славу, известность, богатство, удачливость, организаторские способности, импозантность. Регул на ASC или в соединении с планетами вблизи ASC даёт уважение и популярность в ранние годы, раннюю известность.

Так или иначе, но некоторые астрологи называют Дональда Трампа «великим и могучим королём» именно благодаря влиянию этой звезды («**Donald Trump Horoscope – Great and Mighty King**» http://astrologyking.com/donald-trump-horoscope/):

«Fixed star Regulus at 30th degree of Lion is conjunct his Mars and Ascendant. The Heart of the Lion, symbolically the Crushing Foot,is a Mars-Jupiter type star reinforcing Donald Trump's assertive and aggressive nature. It makes him generous, ambitious, fond of power, desirous of command, high-spirited and independent. Regulus is the Great and Mighty King, giving royal properties, a noble mind, frankness and courage. Ascendant conjunct Regulus gives great honor and wealth, favor of the great and victory over enemies. But it can also bring scandal, violence and trouble, with benefits seldom lasting. Mars conjunct Regulus brings honor, fame, a strong character, public prominence and high military command. He takes command and gives orders.»

4. Заключение.

Да, путеводные звёзды Дональда Трампа выглядят впечатляюще и заметно сильнее чем звёзды Хиллари Клинтон. **Мы видим, что взлёт Трампа не случаен. Но его путеводные звёзды показывают также неизбежность падения – вслед за этим взлётом.** Увидим ли мы это падение как проигрыш на президентских выборах 8 ноября 2016, или позже, уже в качестве президента США? Или падение Трампа произойдёт после его победы на выборах, но до инаугурации 20 января 2017 года?

Конечно, не только звёзды и другие астрологические показатели влияют на судьбу человека и на президентские выборы в США, но, учитывая всё вышесказанное (и дополнительный анализ, который я опускаю здесь), мы можем с большой вероятностью предсказать, что 20 января 2017 года будет инаугурация всё же Хиллари Клинтон. Этот вывод основан также на анализе астрологической «транзитной ситуации» на день будущей инаугурации.

Я отнюдь не являюсь сторонником Хиллари Клинтон, но для США в целом, для американцев (и, я думаю, для мира в целом) было бы лучше, если неизбежное в будущем падение Дональда Трампа произойдёт до инаугурации будущего президента США.

In English.

Donald Trump vs Hillary Clinton.

Their astropsychology and relations with Erdogan, Putin and Merkel.

"Two things fill the mind with ever new and increasing admiration and awe, the more often and steadily we reflect upon them: the starry heavens above me and the moral law within me."
Immanuel Kant

This epigraph may be considered strange and inconsistent with the topic under discussion at a first glance. However, if you read this booklet to the end, then you can conclude that astropsychology and stars (under which D. Trump and H. Clinton were born) not only confirm their well–known character traits, but also reveal the depth and mysteries of their psychological types and motives of their behavior. Moreover, the selected method of analysis allows us to predict the future ups and downs of these people.

Of course, politics in general and the presidential elections in particular are only indirectly connected with the moral law within us and within the contenders for the presidential election. But as to the starry sky above us, Astrologers can contribute their analysis in political aspect of the elections, even if this analysis looks frivolous or even playful. I begin my analysis of the US presidential candidates from such astrological characteristics that do not require deep knowledge of astrology and can be understandable and interesting to the general reader.

I finish to edit this brochure today (July 19, 2016), against the backdrop of a failed military uprising in Turkey - and you will find here also the analysis of astropsychology of Erdogan and the predictions about his near future.

1. Signs of the Zodiac, and the Eastern circle of animals.

Signs of the Zodiac are well known both in Europe and in America. Let me briefly remind you of the so called "Eastern circle of animals" (or Chinese calendar). This calendar contains twelve symbols (animals), and each of them corresponds to one year within the cycle of 12 years in age. The oldest of discussed here persons is Donald Trump – he was born in 1946, so let's start with this year (the animal–symbol is repeated every 12 years):

Dog (1946, 1958, 1970 ...),
Pig (or Boar – 1947, 1959, 1971 ...),
Rat (1948, 1960, 1972 ...),
Buffalo (1949, 1961, 1973 ...),
Tiger (1950, 1962, 1974 ...),
Cat (or Rabbit – 1951, 1963, 1975 ...),
Dragon (1952, 1964, 1976 ...),
Snake (1953, 1965, 1977 ...),
Horse (1954, 1966, 1978 ...),
 Goat (1955, 1967, 1979 ...),
Monkey (1956, 1968, 1980 ...),
Rooster (1957, 1969, 1981 ...).

Chinese New Year begins on the first New Moon of Chinese spring in the sign of Aquarius (this occurs in late January or February).

In fact, the Eastern calendar consists of five cycles (the number of oriental elements), but here we will not discuss this in more details – it is sufficient for our analysis cycle of 12 years.

Donald Trump was born on June 14, 1946, Queens, New York City. It was the year of the Dog in East Circle of Animals (twelve years Chinese astrological calendar) and he was born under the sign of Gemini. We will not bore the reader with long description of a person born in the Year of Dog and with the description of the sign of Gemini, but let's take look at a brief astrological slogan combining these characteristics:
"Street dog (mongrel). A bad head, but a good heart "
However, this does not mean that any "Dog–Gemini" is foolish, but good person. Rather, it means that such a person often acts not rationally, but under the influence of emotion (and short–term factors), and that such a person looks simple–minded (as mongrel). In addition, we should not forget (about the "good heart") that "the road to hell is paved with good intentions."

Hillary Clinton was born on October 26, 1947, Chicago. It was the year of a Pig in the Eastern Circle of Animals and she was born under the sign of Scorpio. A brief astrological slogan combining these characteristics:
"The harsh pig ... It may do a dirty trick."
Note that sometimes the Eastern circle of animals includes a Boar (instead of Pig), and probably a Boar is more suitable for a short slogan of Hillary Clinton in this context.

I should say here that I am generally do not care who will be the next president of the USA (as I am not a citizen of the USA), but I'm wondering (curious) of the personalities of Donald Trump and Hillary Clinton. I wonder also what would be the relations of the next President of the USA with Vladimir Putin, Angela Merkel and Recep Erdogan – so here we will also take a look at these issues.

Vladimir Putin (Russian president) was born on October 7, 1952 in Leningrad (St. Petersburg). It was the year of the Dragon in the East Circle of the Animals and he was born under the sign of Libra. A brief astrological slogan combining these characteristics::

"The disappointed dragon. You should not believe his word."

Although this slogan looks very strange at the first glance, but in fact, Putin has been disillusioned with the West for a long time, and on the other hand, western leaders realized for a long time (or recently) that they should not trust Putin's word.

Of course, these brief characteristics contain more humor than important information for policy makers, but later we will see how astrology (even its humorous aspects) allows to understand step–by–step some of the important things that are only visible under a magnifying glass of astrologer.

Angela Merkel (German Chancellor) was born on July 17, 1954 in Hamburg. It was the year of the Horse, and she was born under the sign of Cancer. A brief astrological slogan combining these characteristics:

"Increased emotionality and self–centeredness, but this horse knows how to make a good impression. She appreciates the comfortable stability. It is difficult to engage her into issues that she did not like and she can throw such issues down the road. "

Indeed, comfortable and stable life in Germany was ended in 2014, after the influx of hundreds of thousands of refugees from the Middle East. The main thing for Merkel in this situation – to stay calm, because, as astrologers say, *«who has ever seen a horse in anger, those never would trust her."* Incidentally, this statement is fully applied to Recep Erdogan, who also was born in the year of a Horse, and already made a lot of mess in anger .

Recep Erdogan (Turkish President) was born on February 26, 1954 in Istanbul. It was the year of the Horse in East circle of animals and he was born under the sign of Pisces. A brief astrological slogan combining these characteristics:

"Thoughtful horse, with a high flair of danger."

It tells us little about the personality of Erdogan, but we note nevertheless that being a "thoughtful horse" can be dangerous to the rider, whoever wants to ride it.

1.1 The relationship between the leaders of Germany, Russia, Turkey, and with the future president of the USA

The relations between **Putin and Erdogan** (between the Dragon and the Horse) are characterized in East circle of animals short and sweet: *"They may be friends for some time for the cause, but never for a long time."* The same applies to relations between Putin and Merkel (as he is Dragon and she is Horse).

With regards to the relations between the two "horses" (**Merkel and Erdogan**), in the texts of "Eastern circle of animals" we read: *"Everyone pulls the blanket over himself"* – and this is what we see in this year.

Now, about the relationship between Merkel (and Erdogan, both are "a Horse") and Clinton (Boar), or Trump (Dog).

Merkel (Erdogan) vs Clinton: *"They do not reach full agreement, but the pig will be calm."*

Merkel (Erdogan) vs Trump: *"Why not? They love to talk about politics."*

This is especially true of the relations between Merkel and Trump – their horoscopes have the same conjunction Sun with Uranus, and it makes them as some sort of friends.

One way or another, the Eastern circle of animals does not give grounds for concern about the relationship of Merkel and Erdogan with the future US president, whoever – Hillary Clinton or Donald Trump. Another thing – the relationship with Putin.

Russian politicians think that Donald Trump as the president of the USA will be more preferable for Putin than Hillary Clinton. Astrology partly confirms this assumption. Relations between Libra (Putin) and Gemini (Trump) usually are much better than between Libra (Putin) and Scorpions (Clinton). With regards to the business and friendly relations between Dragon (Putin) and a Dog (Trump), – there is a less rosy prospect:

"*A Dog more appreciative of reality than the chimera, and it discourages Dragon.*"

Here it is necessary to clarify that the Dragon is the only one which is a mythical animal (chimera) in East (China) astrological calendar (East circle of animals) among the twelve animals.

The relationship between a Boar (**Clinton**) and a Dragon (**Putin**) also contains pitfalls: "*Success can be achieved, provided that the Boar will be modest and will agree to a secondary role*" – huh... it is impossible in this case! As Hillary Clinton (as well as any other US president) cannot be "on a secondary role or on the sidelines" in relations with Putin, then conflict is inevitable.

***

Another important characteristic of the relationships between people is linked to the so–called "vector ring", which was opened by Russian astrologer Gregory Kvasha (http://www.xsp.ru/sh/pub/outpub.php?id=237 – in Russian). Vector ring shows the sequence of symbols (animals) in which the precedes (on left) "animal" subconsciously feels himself as the master of the next (on right) "animal." This "Vector Ring" works in a marriage between a man and a woman, and so in personal relationships between people, and between the politicians. Well, this is vector ring:

Horse => Boar => Dragon => Cat => Rooster => Dog => Buffalo => Tiger => Goat => Snake => Monkey => Rat => Horse ...

To the left of each character – the master (head), on the right – the servant (slave).

We can see that Angela Merkel and Recep Erdogan (both – Horses) will subconsciously feel themselves as a "master" in relation to Hillary Clinton (Boar), and Clinton, in turn, will be a "master" in relation to Putin (as Boar in relation to the Dragon). Of course, all of this will complicate their personal relationships. Donald Trump in this Vector ring does not fall neither into the "master" nor "slave" in relation to Merkel, Erdogan and Putin – but Trump is likely to consider himself as a master in relation to the leader of every country. As his nickname is, Mr. "You're fired" :)

Then below (comparing personal horoscopes) we'll see that Hillary Clinton would be a real hell for Putin ...

But at first, let's take look at some more general astrological characteristics of Donald Trump, Hillary Clinton and Putin, Erdogan and Merkel.

2. Solar and lunar calendars of the birthdays

Donald Trump was born in the 26th day of the zoroastrian solar calendar and in the 15th lunar day. His sunny day of birth is called the "Prosperity" (Arshtat or Ashtad in the Zoroastrian tradition). It is believed that there will be a decent path for those born on this day, a successful business, property and finance, as well as charity. It is obvious; Donald Trump has succeeded in this way. The sacred animal (totem) of that day is the Polar bear and anti–totem – a bloodsucking bug. Note that Putin loves bears and considers himself as their shepherd (constellation Boötes – "Shepherd bears" is very strong in his horoscope of birth). Planets of the 26th day of the solar calendar – Uranus and Venus. Uranus in the Trump's horoscope is at the zenith (MC), in conjunction with the Sun and the ascending lunar node. This is a very strong conjunction of planets that explains a lot in the life and character of Trump. Venus is also strongly expressed in his horoscope.

Symbol of the 15th lunar day – a snake. It is a day of astral battles and temptations of a flesh.

Hillary Clinton was born in the 10th day of the zoroastrian solar calendar and the 13th lunar day. Her sunny day of birth is called "Divine Waters" (Apam–Napata or Avan in the Zoroastrian tradition). This day is associated with intimate knowledge, inner freedom and intuition of female type. We do not know whether Hillary has intimate knowledge, but her intuition is probably pretty good. The sacred animal (totem) of that day is a Dolphin, and anti–totem – evil moray. "Divine Waters" hide many secrets. This day is associated with the planet Neptune, which is also associated with intuition. Neptune in Clinton's horoscope is in the middle of the sign of Libra – where is the Sun in the Putin's horoscope: so, we can assume that Hillary Clinton can intuitively feel the danger posed by Putin.

Not less mysterious is her lunar birthday. It is believed that the 13th lunar day is connected with magical practices, as well as the accumulation of information and contacts. Moon in the horoscope of Clinton is in Pisces – such people have a very strong intuition. This is even more true as the moon is in a very strong (23th) degree of the sign of Pisces and in harmonious aspects associated with lunar nodes of her horoscope.

Vladimir Putin was born on the 21th day of the zoroastrian solar calendar and in the 18th lunar day. His sunny day of birth is called Strength or Power (Raman or Ram in the

Zoroastrian tradition). This is the power that is associated with the "fat pastures" and with a struggle for their rights (as stated in the Zoroastrian calendar). Sacred animal (totem) of that day – Eagle with a wolf's head (as seen, it is also mythological animal, like a dragon); anti–totem –   rough and arrogant wolverine, translated from the Latin –   glutton. Raman in Zoroastrian tradition is associated with Pluto. This planet in the horoscope of Putin's birthday is in Leo in conjunction with the setting lunar node (aka Tail of Dragon) and Black Moon (aka Lilith): astrologers interpret such connections as a support to conservative traditions and (as some astrologers are saying) the reliance on a reactionary collective unconscious ("collective unconscious" in theory of psychoanalyst Carl Gustav Jung).

The 18th lunar day (symbol – Mirror). This lunar day as if reflects the external reality through the inner essence of the man. It may be very good if inner essence of the man is high and clear, but negatives of this lunar day is connected with the danger of narcissism, delusions and the indulging to his baser instincts. I think every reader has the right to judge how these astrological descriptions match to the real person.

Angela Merkel was born on the 29th day of the zoroastrian solar calendar and in the 17th lunar day. Her solar day of birth is called the Word (Holy Word, Maraspent or Manthra Spenta in Zoroastrian tradition). Ideally, this word takes on flesh, the knowledge of good and evil, and the a protection of our world from evil. The activity and success in all endeavors. The sacred animal (totem) of that day is a White cat (or a fabulous Puss in Boots, who can easily handle his abusers). These people value friendship, but do not forgive a betrayal. Anti–totem – greedy and arrogant water rat. Maraspent (Manthra Spenta) in Zoroastrian tradition is associated with the planetoid Chiron (the largest fragment of former planet Phaeton). Chiron in the horoscope Merkel is in very good (26th) degree of Capricorn and in opposition to the Sun of Merkel's horoscope (in the sign of Cancer). The opposition of the Sun and Chiron is interpreted as a reliance on some kind of main idea – in this case, given all the other characteristics of her horoscope, this idea is probably the idea of European unity and the new role of Germany in Europe as a "soft power", which unites the European Union.

Her lunar birthday (17th) – one of the best in the lunar calendar, and this day makes finding inner freedom and success in all smart and good endeavors.

Recep Erdogan was born on the 13th day of the Zoroastrian solar calendar and in the 23th lunar day. His solar day of birth is called a Star (Guard of sky Tishtriya or Tir in Zoroastrian tradition). Ideally, this is a serious and fearless fighter, but often they are abrupt men. The sacred animal (totem) of that day is the Winged horse, and anti–totem – black snake. The mythical Guardian of the sky Tishtriya in Zoroastrian tradition is associated with the planetoid Chiron (the largest fragment of former planet Phaeton). Also, like in the horoscope of Angela Merkel, Chiron in the horoscope of Erdogan is in the same (26th) degree of Capricorn, but in the horoscope of Erdogan, Chiron is in conjunction with the ascending lunar node, and in opposition to Uranus. This gives him the opportunity to successfully maneuver in different directions, but unexpected events can still disrupt his plans. His lunar birthday (23th, symbol –   Crocodile) – one of the most dangerous days of the lunar calendar, when you should not reveal anger and seduction. This is even more dangerous for Erdogan, – as we noted earlier, "who saw a horse in anger, those never will trust her". It is believed that the negatives of this lunar day softens the repentance of own sins. However, as we saw in June 2016 (and earlier), when the German Bundestag adopted a resolution on the Armenian Genocide (1916), Erdogan spoke very strongly against this resolution. He previously refused to ask for forgiveness from Putin for the downing of a Russian bomber by the Turks in the fall of 2015.

(but still did it in June 2016). Erdogan and Putin began steps towards reconciliation in July 2016.

On the night of 15 on July 16 in Turkey there was started the military mutiny and was immediately suppressed , but I predict that closer to the middle of August the riots in Turkey will unfold with new bang, and we can expect a new attempt against Erdogan. These developments will have a significant long-term consequences, not only for Turkey.

2.1 Personal relationships of the US presidential candidates with Putin, Merkel and Erdogan

Above we have already discussed these relationships on the basis of the Eastern calendar (Chinese circle of animals). This calendar shows the social and political aspects. Zoroastrian calendar of solar days shows personal (individual) characteristics. The comparison of solar birthdays may suggest the nature of the relationship between people as between personalities (individuals).

So, Donald Trump was born on the 26th solar day, Hillary Clinton – on the 10th, and Vladimir Putin on the 21th solar day.

What will be the relationship between Putin and Trump, or Putin and Clinton (if he or she will become President of the USA) be? Famous Russian astrologer Pavel Globa gives for the difference of 5 days (**Trump–Putin)** the following text:

<< *5 days.* ***"The construction of the temple,"*** *or* ***"The iron wall"***. *Good interaction. This case gives the firmness and strength of the relationship, the mutual respect, and clear regulation of the relationship. If such people come together they form a "clan." Strong relations are established once and for all. But this combination of sunny days can not tolerate immaturity. It occurs only in adulthood among serious people.*
>>

As you can see from this text, Russian political scientists (who predict a good relationship between Trump and Putin) may be right. However, many Western politicians (and some opposition within Russia) believe that Putin has a psychological complex of " the offended teenager" (who believes that Western leaders had hurt him). If Putin will show this childishness, the "construction of the temple" (or clan) will quickly turn into the "iron curtain" of the Cold War times.

However, it is more likely (as many people think now, in June 2016) that Hillary Clinton will be the US president. Pavel Globa gives for the difference of days equal to 11 (**Clinton–Putin**) the following *text:*

<< 11 days. "A quicksand" One from the most treacherous, inconsistent and difficult relationships. Dive into the quagmire, cheats, bad covering, deceptions. Something heavy and gloomy. Such people are hard to each other. They can not show their best qualities. People are trying to build a relationship, but fails, as in quicksand. With the best intentions, everything could end up very sad. Between people there is no understanding. This relationship gives more wasting time looking for compromises. >>

As you can see from this text, the relationship between Hillary Clinton and Vladimir Putin have no good prospects. It's a dead end.

Now consider the relationships of **Putin, Merkel and Erdogan** – on the same basis of comparison of their solar days of birth. Recall that Putin was born on the 21th sunny day, Merkel on the 29th and Erdogan on 13th. The difference in both of cases is plus/minus 8 days. Pavel Globa gives for this difference the following text:

<<8 days. "Mountain top", or "Wind rose". Excellent combination that promotes spiritual growth. It is extremely beneficial for the relationship of teacher and student. The life of such people there is a perpetual search, there is a desire to continuously update. This alliance involves the leadership of one partner by another, provided that they are of different

ages. If not, then they might just miss each other. This interaction is very good for foreigners or for people living in different cities, because freedom involves. But for a lasting union of equal people, this case is not very suitable, because continuous (frequent and regular) contacts for such persons is simply contraindicated. Bad combination for family life, but good – for casual relationships or "spa love affair">>.

As you can see, would if Putin considered Merkel as his teacher of Western values, they could have a great relationship. But after 2007, Putin had took a course against the West and brought down the prospects of a good relationship (however, Putin himself believes guilty of worsening relations of Western leaders and, above all, the United States).

With regards to relations with Erdogan, their relationship had been really good up to the autumn 2015 – like a "casual relationship" or "spa love affair." Since then, they were irreconcilable enemies (till July 2016).

With regards to relationships between Erdogan (13th solar day) with Clinton (10th) or Trump (26th), then we read in texts of Pavel Globa respectively:

Clinton–Erdogan: << *"The crossed swords", or "A fight on knives" (± 3 days) This form of relationship can be good only for those who chose the path of spiritual evolution. But usually this case is extremely tense, full of aggression, attracting extreme situations. There is always competition, the struggle for leadership, someone is trying to assert their rights. Cooperation between such people is possible, but only after a fight.* **This form of relationship is good for the people who are together fighting for a common cause on the battlefield.** >>

Trump–Erdogan: << *"The wandering in the maze" (± 13 days). It is very difficult combination. It gives an eternal search, the errors, mistakes, misunderstandings and recriminations. People cannot find themselves, and from this they are losing a lot. They seek and find into partner what is not typical for him really. This combination works well only on* *family relationships, and only when people do not want anything special apart. If in the beginning there were tensions and conflicts, the rough edges are smoothed out over time. Such people will live in perfect harmony, but as soon as someone starts to change the relationship, then immediately starts collapse and there are attracted bad events. In this case, as a rule, everything falls to the initiator head. In other respects (not within family) – chaos. >>*

***

With regard to the relationship between Merkel (29th solar day) with Clinton (10th) or Trump (26th), then in the texts of Pavel Globa, there we read, respectively:

Clinton–Merkel: *<< "A quicksand" (± 11 days). One from the most treacherous, inconsistent and difficult relationships. Dive into the quagmire, cheats, bad covering, deceptions. Something heavy and gloomy. Such people are hard to each other. They cannot show their best qualities. People are trying to build a relationship, but fails, as in quicksand. With the best intentions, everything could end up very sad. Between people there is no understanding. This relationship gives more wasting time looking for compromises.>>*.

As can be seen, Merkel can have with Clinton nearly the same problems as Putin would with Clinton. But Western leaders (Clinton and Merkel) still find a common language, but the relationship between Putin and Clinton will go on the worst case scenario.

Trump–Merkel: *<<"The crossed swords", or "A fight on knives" (± 3 days) This form of relationship can be good only for those who chose the path of spiritual evolution. But usually this case is extremely tense, full of aggression, attracting extreme situations. There is always competition, the struggle for leadership, someone is trying to assert their rights. Cooperation between such people is possible, but only after a fight. This form of relationship is good for the people who are together fighting for a common cause on the battlefield.>>*

Earlier (in the analysis of relations in the Eastern astrological calendar), we saw that Angela Merkel and Recep Erdogan may have a good relationship with the future president of the United States, whether it be Donald Trump or Hillary Clinton.

Now we see that Donald Trump may have a good personal relationship with Putin, but bad personal relationships with Erdogan and Merkel. Hillary Clinton may have bad personal relationships with Putin, Erdogan and Merkel. However, it can be assumed that the bad relationship with Putin can help Hillary Clinton to improve her relationships with Erdogan and Merkel – while a good personal relationship between Donald Trump and Putin will exacerbate the negatives of his (Trump's) bad relationships with Merkel and Erdogan.

As it appears, Vladimir Putin is a key figure in the relationships (politically and personally) between the next US president with Angela Merkel and with Recep Erdogan. From the astrological point of view, Putin – the most powerful person in this scenario. Regardless of his moral qualities and moral values of its domestic and foreign policy, he (Putin) is the most charismatic leader. Charisma – "gift from above" does not necessarily mean high morality, but gives strength and appeal for a large part of the people (popularity through populism).

Astrologers believe that the charisma is largely linked to the so–called "included stars" – with those bright fixed stars that are in the birth horoscope in conjunction with the Sun, Moon and planets – that is, in the hour of birth of man, these fixed stars were included to the human fate. The horoscopes of Clinton, Trump, Merkel and Erdogan have four of the five of "the included stars", while the horoscope of Putin is marked by more than a dozen of fixed stars, and four of these «included stars» belong to the constellation "Bootes" (the main star, Arcturus – **"The shepherd of bears** "). It is appropriate once more to stress here, that the charisma (and "the included stars") gives the strength and attractiveness, but it does not mean the high level of spiritual development and good morals. Astrologers know "good" and "bad" ("evil") stars, and many stars have as good so and evil (mixed) influence.

3. Guiding stars of Donald Trump and Hillary Clinton.

3.1 Guiding stars

.."born under a lucky star", "born under an unlucky star," – these expressions occurred from in very ancient times, and it is connected with astrology. The ancient astrologers believed that if at the hour of a child's birth over the Sun, Moon or over some planets there was one or another fixed star, or if some kind of star was rising in the moments of birth on the horizon, or was at zenith, these stars can greatly affect the lives and human destiny, sometimes, under certain conditions, even more than itself horoscope of birth (location of the planets). Each star has its own influence and characteristic effects on the human's fate.

According to astrology, the stars are "happy" and "unhappy" with their special characteristics. Even Ptolemy (II century AD) in his catalog ("Almagest") described the impact of 1024 fixed stars. 108 of them are considered to be particularly strong and sacred; else 250 stars are quite powerful and multifaceted – mainly stars of the 1st and 2nd magnitude brightness. Usually, two–three (as minimum) stars "included" in the horoscope of each person, that is, were at his birth over those or other planets – but the stars not always have strong influence on person's life. The degree of "inclusion" of the star (its impact) on the person's destiny the astrologers determined according to special rules, taking into account a number of astronomical and astrological factors.

The names of all the "astrologically active" stars were given in the ancient times and most of these names are associated with the ancient myths. Surprisingly, but modern astrologers say that if a person has "included" strong star, this person in his life as if unwittingly plays one of the roles of an ancient myth (of the myth that is associated with this star)! Extremely rare, but some persons have even the included constellation! Such person has a special destiny, which, sometimes as if in spite of own will, performs more than foreordained (by Fate) mission.

Every ancient myth (Greek or other) is associated with a particular moral problem, with "the moral law within us" by the words of Immanuel Kant – and here we return to the epigraph at the beginning of our study:

"Two things fill the mind with ever new and increasing admiration and awe, the more often and steadily we reflect upon them: the starry heavens above me and the moral law within me."

As is now evident, the epigraph chosen by us is not accidental and is directly related with our study.

However, the results of human activity of the persons of "starry fate" depends on their level of spiritual development. A highly moral person is able to find within the stellar designs the own right way. In this case the main "included" star (or constellation) will be his defense, his guiding star. If the person does not comply with its stellar destination (spiritually undeveloped, or astray), then the strong star can break him, the star will make to fulfill his destiny through hard way, maybe even at the cost of life or health. Sometimes, weak persons with strong evil stars fall in psychiatric hospitals with manic–depressive illness. Since the stars and constellations (and the corresponding ancient myths) may be as "good" so and "evil", – thus and person with such stars can wreak or creation or destruction into the world, or both.

Not surprisingly, all the people with the "stellar destiny" (whether it is well–known politicians, or scientists, or entrepreneurs or artists), – they are all born under one or other strongest stars. As a rule, the horoscope of every famous person has not only "good" but also "evil" star. Moreover, the "character" of each star is ambiguous and only the free will of person ultimately determines the choice of the side of good or evil…

Astrological characteristics of stars are set out below by the books "Astrological influences of the fixed stars" by Joseph Rigor (Russian edition 1994) and "Mystery star astrology" by Pavel Globa (Russian edition 1994) and other sources (see referenced in the text). All these books were written and published many much years ago.

Now consider the birth horoscope and the stars of State Hillary Clinton and Donald Trump in more detail.

3.2 Horoscope of birth and chances to win of Hillary Clinton.

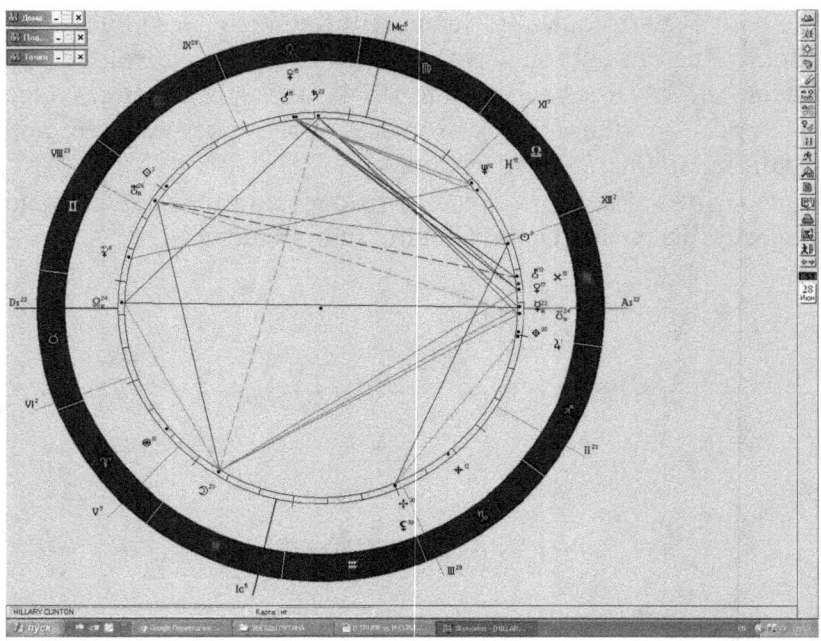

A strong sign of Scorpio and stellium of planets in this sign of the zodiac (the Sun, Chiron, Venus, Mercury) show that Hillary Clinton can and will fight for victory, even in the most adverse conditions. At the same time, Chiron (this planetoid associated also with the election) is in the so–called "royal" (13th) degree of Scorpio, which is called "Phoenix": the ability to resurface and arise even after a fall.

Other strong conjunction of the planets (Mars, Saturn and Pluto) are in Leo – this is those horn of force (or the tusks of a wild boar), which are able to destroy any opponent. Interestingly, this horn of force is in the sign of Leo there, where is the "a dark beginning" of Putin (the conjunction of

Pluto with the setting lunar node /aka "tail of Dragon"/ and Lilith /aka "Black Moon"/ – the reliance onto conservative or, as some believe, onto the reaction archetypes). This means that **if Hillary Clinton becomes President of the USA, she will be an implacable opponent of Vladimir Putin.**

A strong factor in her horoscope is also associated with Jupiter in the sign of Sagittarius (Jupiter in its own sign of the zodiac) and on the Ascendant of her horoscope. Strong Jupiter on the Ascendant is good for authoritarian politicians (and for the expansion of spheres of own influence), but it is unlikely the other branches of power of the US will allow her to be dominated in authoritarianism.

The weakness of her horoscope is linked with the conjunction of retrograde Mercury and the setting lunar node. It can provoke the tactical mistakes in the organization of various events and information flows. This compound **can also provoke the impression that Hillary Clinton is always lying – at least among her opponents ("a liar" – even if in fact she does not lie).**

3.2.1 The stars of Hillary Clinton.

* **Princeps** (delta of constellation Bootes). Sun in the hour of birth Clinton was under this star.

Joseph Rigor («Astrological influence of the fixed stars."): "*The conjunction of Princeps with the Sun indicates a high position in public administration, jurisdiction, or in sports, religion, science. Person with this star is very resourceful, able to successfully explore new untested ideas. Such people prefer a neutral stance in the dispute and does not take on the important commitments as long until they find out for sure what it will cost them. Nevertheless, they are able to be frank, if it is in their interest.* "

Pavel Globa («The fixed stars»): "*Princeps – star of warriors and adventurers. Princeps gives exaltation in extreme circumstances. It is star of lucky warriors. In conjunction with the Sun and the Moon and Mars, Princeps enables "pull the chestnuts out of the fire by other hands". This star brings a long reign, but the rise is able only through adventure way (adventurer)."* As for success in science or sport, Globa writes that such opportunities are possible if Princeps is in conjunction with Mercury or other planets.

Denis Kutalev ("General theory of the interpretation of the stars"): " *Princeps gives good creative skills and emotional sensitivity. However, a creativity of person with this star can be not understood by society, the artist will be booed and delivered for the public trial, for that he was "not like everyone else."*

* **Markab** (alpha Pegasus, "horse's saddle") Moon in the hour of birth Clinton was under this star.

N. DeVore ("Encyclopedia of Astrology") notes the contradictory influence of this star: on the one hand, it gives honor, position, fortune, wealth; on the other a danger of fire, of sharp objects, from the explosion, injury.

Rigor indicates that the effect of this star varies depending on with which the planets it is in conjunction. In general, Markab brings good luck, wealth, high honors. On the negative version, the person with this star will not be able to implement its ambitious plans; he is unhappy, **he can lose a honor**. Possible manifestations of destruction and rampage.

Pavel Globa calls Markab the star of the social hierarchy, the elevation, the stability, the onslaught. Markab gives the ability to achieve own goals, happiness in marriage, success through partners, patrons. Markab in conjunction with Jupiter heralds the great public takeoff, with Venus, the rise through the person of the opposite sex, with the Moon – prostitution for the sake of social status, weak moral values.

Denis Kutalev: "*Markab often affects a person's destructive, particularly in medical astrology. A very large amount of energy, but people tend to act impulsively, without thinking about the consequences. However, in principle, a*

54

person is able to understand the chain of the causes and circumstances on a fairly deep level to lead to the transmutation of negative energy in the inexhaustible creative power. Inspiration comes to the rescue in difficult times. "

* **Unukalhai** (ака Unuq al–Hayyah, alpha Serpentis, "Heart of Snake"). The planet Mercury in hour of Clinton's birth was under this star. Many astrologers believe that this star is visibly manifested only in the negative horoscopes (Hillary Clinton has a positive horoscope), and a negative impact on health.

Pavel Globa writes that this star is one of the most feared magic stars. It can completely break all the rhythms of the person; it gives constant chronic illness, dependence, subjection to fate, fatalism, weakness, suicide, painful passion, immorality. This star forces a person to repeat the mistakes of his ancestors.

However, I remind you, many astrologers believe that this star brings destruction only in the case of negative ("evil") horoscopes – while Hillary Clinton's horoscope as a whole is rather positive. Perhaps this star gives her health problems.

* **Kornephoros** (another name Rutilik, beta Hercules). Jupiter in the hour of Clinton's birth was under this the star

Denis Kutalev ("General theory of the interpretation of the stars"): *"According to this theory, Rutilik means excellent ability to work (including creative work), the ability to "feel" the matter, to feel thing when it has been asked to be made (as in the fairy tale about Pinocchio). However, a success and recognition of merit, a wealth and the full realization of their own ideas will come only after a hard work. Otherwise, the ability will not be implemented, a strength and health gradually come to naught, and the financial situation will be disappointing. Thus, the activity of a person with this star will be very fruitful only in the case if this person can overcome own desire to laziness and easy life of luxury. "*

Well... Because, as we all know, Hillary Clinton is very hard–working, the influence of this star for her is not so bad.

In general, it would seem, the chances of victory of Hillary Clinton are great now (in June 2016), but, as we shall see, Donald Trump can still win the election this year. But we shall see also that his ups will be finished by downs – maybe even before the inauguration (up to January 20, 2017)

3.3 Horoscope of birth and chances to win of Donald Trump.

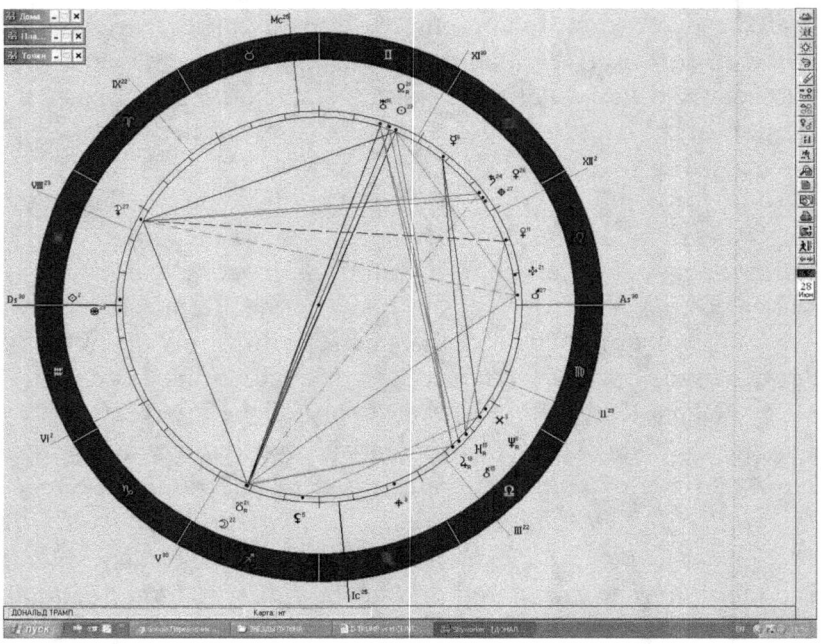

The conjunction of the Sun, Uranus and the Rising lunar node in Gemini, at the zenith of his horoscope of birth, in opposition to the Moon in the sign of Sagittarius, and harmonious aspects of this opposition of the planets to a powerful conjunction of Jupiter, Chiron and Neptune in Libra (the second house of his horoscope, house of finance and real estate) – all this speaks of a brilliant career in great business, strong intuition, as well as the ability to manipulate public opinion and clearly share for themselves ostentatious emotions and rational essence of the problem. Donald Trump is able to flexibly change his tactics and strategy; the flexibility of his behavior and his plans can be very successfully and this ability can be very useful to him in the conduct of the election campaign, especially at the finish of the race. It should be noted here his strong upward Mars (Mars on the Ascendant), in the 27th degree of Leo, in the degree of aggression. Mars is associated by the good aspects with the opposition of the Sun and the Moon, which helps to Trump to use his emotions in rational order (in rational goals), for the achieving success with the public (a populism) and in public policy.

By the way, according to astrologers, men with a rising Mars often have red hair, as Donald Trump has.

It should be noted also that all strong stelliums of planets of his horoscope (and especially Jupiter, Chiron and Neptune in Libra) are very harmoniously in relation to the horoscope of Vladimir Putin – **so that Russian political scientists (Kremlin) are not in vain hoping for a victory of Donald Trump.**

3.3.1 The stars of Donald Trump.

* **Alnilam** (Epsilon Orionis). Sun in the hour of birth Trump was under this star.

Joseph Rigor ("Astrological influence of the fixed stars"): "*Persons who have this star in the horoscope of birth in the conjunction with the Sun, they can be entangled in some disputes, but being stubborn and acting recklessly, they will stand on their controversial positions to end. However, such people are capable of a sudden to change former course, if it is convenient for them.*"

It should be noted here that the words about the sudden "change of course" all the more are true for Trump that his Sun is in conjunction with Uranus.

N. DeVore ("Encyclopedia of Astrology") notes that Alnilam indicates a fickle or transient public glory, but at the zenith of the horoscope this star portends great honors.

Pavel Globa ("The fixed stars") notes that this star gives spiritual elevation and a strong ideology, good luck and glory, and also love to the rites and rituals. Globa also notes that at the zenith of the horoscope (as at Trump) Alnilam gives a great rise career.

Denis Kutalev ("The general theory of interpretation of the stars"): "*According to this theory, Alnilam means courage and bravery and person shows these quality in the way to his purposes and principles. However, this way should not go into permissiveness. It is important what a person with this star should be guided by higher principles, not selfish aspirations. This person may be a good political or ideological leader, which produces major changes in the public consciousness, clearing karma society. The fact that it is a double star, may indicate a variable nature of fate: after a takeoff then there will be a fall, and vice versa*".

It is interesting, Hardly Donald Trump always always kept high moral principles, so, probably, **we shall see not only the rise in his popularity and career (as it is now, in the spring and summer of 2016), but and a fall (for the foreseeable future).**

* **Procyon** (alpha Canis Minor). Venus in the hour of birth of Trump was under this star. Most astrologers agree that Procyon makes people hot–tempered, jealous, stubborn, but also gives the strength of will and the ability to put ideas and plans into practice. People under the influence of Procyon tend to get annoyed, excited and insolent. This star can give both the successes and the ups and downs from the reached heights. People with a strong influence of Procyon want to "break through the wall head," but only harm themselves. Procyon

gives a lot of energy, gives a sharp mind. In conjunction with the beneficent planets (Venus or Jupiter), this star multiplies the success, but nevertheless there is a danger of subsequently fiasco. Pavel Globa writes else about more danger from snake bites.

Denis Kutalev ("General theory of the interpretation of the stars"): "*According to this theory, Procyon gives a thirst for knowledge, inexhaustible curiosity, a breakthrough in the future. This star can give to person (who was born under it) a teacher, a guru; and requires constant internal changes. Procyon is located very close to the solar system, so it's influence will be very materially, and the claims of this person will be very clearly.*"

* **Regor** (gamma Sails). Mars in the hour of birth Trump was under this star. This star studied by astrologers less than other stars. I found only one astrological text about this star (in Russian).

Denis Kutalev ("General theory of the interpretation of the stars"): "*According to this theory, Regor gives amazing intuition, original mind, the ability to penetrate into the secrets of others and anticipate events, – a gift of discoverer. Such a person has the talent to convince others, and can lead the masses.* "

As can be seen from the first stages of the election campaign, this star clearly helps to Donald Trump.

* **Capella** (Alpha Aurigae). This star in the hour of birth Trump was onto the ascending lunar node his horoscope. Most astrologers believe that this star gives a high position in society, wealth and honor, but also makes a person brash and hotheaded, and also verbose (good speaker). Possible complications with the law.

Pavel Globa believes that this star is associated with cunning, guile and devilish temptation. This star gives parasitism, the desire and ability to parasitize on others. Capella also gives a magical power over people, it helps make from them the spiritual slaves.

Denis Kutalev writes that Capella provides unambiguous temptation, which ends for this person as a fall. **Such a person ultimately brings trouble to people around (who believed and went for him). People need to understand who or what is behind this temptation.**

If Donald Trump was born exactly 10 h 54 m am (just this time of day is using by all the astrologers for his horoscope), then at the moment of his birth still two strong stars joined in his horoscope: Zaurak in the zenith (MC of his horoscope), and Regulus – on the Ascendant of his horoscope.

　　* **Zaurak** (gamma Eridani). Zaurak, which means "the boat." Most astrologers believe that this star makes a person resistant to fight, perseverance and the ability to achieve goals, but can also give the loneliness and melancholy.

Pavel Globa ("The fixed stars") gives this star is very sharp and bright characteristics: "*Zaurak – the star of greedy money–grubbers (miser), giving greed, earthiness, a huge ego, the oppression of others, blatant extortion, the use of another's property. The motto of this person – "What is mine is mine, that yours – mine too." In conjunction with Mars or Jupiter, Zaurak gives the ability to smartly live at someone else's expense. The conjunction with the Moon – a slave of money and material possessions. The conjunction with Mercury gives a mania, an obsession with some crazy idea (in medicine, this star clearly associated with paranoia); However, such people rarely get into a mental hospital thanks to the money and the ability to steer with the doctors.*"

Denis Kutalev ("The general theory of interpretation of the stars"): "*According to this theory, Zaurak gives greater activity in trade and business contacts, great activity in communications (at a low level – the conflicts and quarrels), vibrant relationship with the opposite sex. This star is also the star of idealist who creates a myth of his own lives; his purpose – to involve other people to higher goals, to higher worlds, and he has no doubts in reality of own myths.* "

60

* **Regulus** (alpha Leo) – one of the four brightest and most powerful stars, "Guardian of the North" in the Zoroastrian tradition. Most astrologers consider the impact of Regula strong and largely favorable. This star always gives the desire for power and wealth. In conjunction with the Ascendant (as D. Trump has), this star heralds the power and honor through their own efforts and merits (and nobility, sincerity, courage and bravery). However, this star still does not guarantee against the risk of future falls.

Joseph Rigor ("Astrological influences of fixed stars"): "*Regulus is not always valid only beneficial. Most of the obtained through Regulus the benefit will be short–lived; Regulus pushes to scandalous acts, to manifestations riot. The failures and loss of a greatness also are often relates with this star. Regulus's people need to be careful, otherwise the achieved recognition and position can be replaced by a complete collapse. Usually the persons with Regulus leave a trace in the memory of posterity, but there is always a danger that the public will be disappointed in them.* "

Denis Kutalev ("The general theory of interpretation of the stars"): "*According to this theory, Regulus gives constant desire to assert itself at the expense of others, to dominate others, to shine, regardless of the consequences. Regulus is associated with an unequivocal demonstration of the power that this star provides in abundance. However, for people with a strong Regulus in the horoscope is also characteristic disregard for the changing situations that may result in failure for them.*"

Pavel Globa writes that this "Star of Kings" gives power, strength, honor, glory, fame, wealth, luck, organizational skills, an impressive image. Regulus on the ASC or in conjunction with the planets near the ASC gives respect and popularity in the early years, early fame.

One way or another, some astrologers are calling Donald Trump "great and mighty king" just due to the influence of this star («Donald Trump Horoscope – Great and

Mighty   King»   http://astrologyking.com/donald–trump–horoscope/):

«Fixed star Regulus at 30th degree of Lion is conjunct his Mars and Ascendant. The Heart of the Lion, symbolically the Crushing Foot, is a Mars–Jupiter type star reinforcing Donald Trump's assertive and aggressive nature. It makes him generous, ambitious, fond of power, desirous of command, high–spirited and independent. Regulus is the Great and Mighty King, giving royal properties, a noble mind, frankness and courage. Ascendant conjunct Regulus gives great honor and wealth, favor of the great and victory over enemies. But it can also bring scandal, violence and trouble, with benefits seldom lasting. Mars conjunct Regulus brings honor, fame, a strong character, public prominence and high military command. He takes command and gives orders.»

4. Conclusion.

Yes, the guiding stars of Donald Trump look impressive and much stronger than the stars of Secretary of State Hillary Clinton. **We see that the positives of Trump are not accidental. But his guiding stars also show the inevitability of the fall, after this takeoff.** Will we see this down as a losing in the presidential elections November 8, 2016, or later, already as the president of the USA? Or Trump's fall will happen after his victory in the election but before the inauguration of January 20, 2017?

Of course, not only the stars and other astrological indicators influence the fate of people and on the presidential election in the US, but given all of the above (and additional analysis that I omit here), we can predict that the January 20, 2017 will take place the inauguraion of Hillary Clinton. This conclusion is also based on an analysis of the astrological "transit situation" on the day of future inauguration.

I am not a supporter of Hillary Clinton, but for the US as a whole, for the Americans (and, I think, for the whole world) would be better if the inevitable (in a future) fall of Donald Trump would take place before the inauguration of the future US president.

www.ingramcontent.com/pod-product-compliance
Lightning Source LLC
Chambersburg PA
CBHW071119280526
45787CB00003B/1103